Verlag Friedrich Pustet

LANDSHUT

Fotos: Harry Zdera
Texte: Gerald Huber

Landshut ist eine Stadt wie aus dem Bilderbuch.
Reiche Bürgerhäuser ducken sich unter himmelstrebende Kirchtürme und über allem thront die Burg. Ferdinand Gregorovius hatte recht, als er Landshut „eine ideale gothische Stadt" nannte: Bürger, Klerus, Adel – auf einen Blick präsentieren sich hier die prägenden Kräfte des Spätmittelalters, jener Epoche, die bis heute als die große Zeit der Stadt gilt und in den Augen der Landshuter und ihrer Gäste kulminiert in der „Landshuter Hochzeit von 1475". Doch man sollte sich mit dem Blick durch das Hochzeits-Teleobjektiv nicht begnügen – Landshut hat auch in der Perspektive des historischen Weitwinkels viel zu bieten. Seit der Jungsteinzeit vor mehr als 7.000 Jahren ist der Landshuter Raum durchgehend besiedelt. Bronzezeitliche Fürsten und Römer kontrollierten hier den Isarübergang und die wichtigen Straßen im Isartal. Spätestens im 9. Jahrhundert stand der Vorläufer der heutigen Burg auf dem Hofberg, an dessen Fuß sich die Häuser eines Burgfleckens schmiegten.

Dessen große Stunde schlug, als zu Beginn des 13. Jahrhunderts die bayerischen Herzöge nach dem Verlust der alten Hauptstadt Regensburg hier, in der Mitte ihres Herzogtums, ihre neue Hauptstadt mit dem programmatischen Namen „Landshut" fanden. Die junge Stadt nahm eine stürmische Entwicklung, die noch heute im Stadtbild ablesbar ist: Der sogenannten „Altstadt" wuchsen bald die „Neustadt" und der steuerbefreite Stadtbezirk „Freyung" zu. Als im Jahr 1255 Bayern geteilt wurde, blieb die Stadt niederbayerische Residenz, während die oberbayerischen Wittelsbacher nach München zogen. Die glanzvolle Zeit des niederbayerischen Teilherzogtums endete nach einem blutigen Erbfolgekrieg 1506 mit der Vereinigung Bayerns unter Münchner Führung, Landshut wurde im 16. Jahrhundert Zweit- und Thronfolgerresidenz. Zeugen dieser Zeit sind die italienische Stadtresidenz und die Renaissanceumbauten auf der Burg Trausnitz.

In der Gegenreformation wurde das geistliche Landshut geboren: Zu den vier mittelalterlichen Klöstern der Stadt kamen weitere vier Barockklöster samt Kirchen hinzu. Außerdem wurde an der Hauptkirche St. Martin das Kanonikerstift St. Kastulus eingerichtet. Im 30-jährigen Krieg litt die Stadt schwer. Dreimal wurde sie von den Schweden eingenommen, aber gegen Zahlung hoher Brandschatzungen verschont. Auch das 18. und der Beginn des 19. Jahrhunderts brachten sechsmal Krieg und Besatzung über die Stadt. Von 1800 bis 1826 beherbergte Landshut die Bayerische Landesuniversität in ihren Mauern. Es war die Zeit der sogenannten „Landshuter Romantik", die mit so bedeutenden Namen wie Savigny, Feuerbach, Sailer oder Brentano verbunden ist. Dann zog die Universität nach München und Landshut fiel in einen Dornröschenschlaf. Erst spät und sanft kam im 20. Jahrhundert die Industrie. Heute ist die Hauptstadt des Regierungsbezirks Niederbayern nicht nur eine moderne Schul- und Verwaltungsstadt in der Metropolregion München mit rund 63.000 Einwohnern, sondern gehört mit ihrem von den Baustilen aller Epochen, aber vor allem vom 15. und 16. Jahrhundert geprägten Stadtbild zu den schönsten Städteensembles Mitteleuropas.

Landshut is a picture-book town.
The fine houses built by its wealthy citizens are in turn dwarfed by soaring church-towers and above them all is the castle. Ferdinand Gregorovius was right to call Landshut 'a perfect Gothic town': burghers, clergy, nobility – here, in one place, you can see all the elements that constituted society's driving-force in the late Middle Ages, the epoch still considered to have been the town's golden age. This epoch – according to the people of Landshut and their guests – culminated in the 'Landshut Wedding' in 1475. Yet you should not be content just to focus on the wedding as if through a telephoto lens, Landshut has plenty to offer in the form of a wider historical panorama as well. There have been human settlements in the Landshut area ever since the Neolithic Age 7000 years ago. Bronze Age princes and Romans controlled the Isar crossing here, as well as the most important routes through the Isar valley. By the 9th century at the latest, the forerunner of the present-day castle stood on the Hofberg, with the houses of the castle village clustered round the foot of it.

The settlement's great moment came in the early 13th century, when the Bavarian dukes lost possession of Regensburg, their traditional capital, and established their new capital here in the middle of their territory, giving it the symbolic name 'Landshut', protector of the land. The new centre expanded dramatically, as is obvious from its present-day layout. Alongside the so-called 'Old Town', there was soon the 'New Town' and then came 'Freyung', a kind of free-trade district. When Bavaria was partitioned in 1255, the town remained the seat of the Lower Bavarian dukes, whilst the Upper Bavarian Wittelsbachs moved to Munich. A bitterly fought war of succession put an end to the glorious days of the Lower Bavarian duchy in 1506, and Bavaria was united under the rule of Munich; during the 16th century, Landshut became the dukes' second seat and the residence of the heir to the throne. The Italianate palace in the town-centre and the Renaissance additions to Trausnitz Castle bear witness to this era. Landshut became a religious centre during the Counter-Reformation. The four existing mediaeval monasteries were joined by four baroque foundations with churches. In addition, the collegiate chapter of St Kastulus was attached to St Martin's, the principal church. The town suffered greatly during the 30 Years' War. It was captured by the Swedes on three occasions, but was spared each time after payment of high indemnities. The 18th and early 19th centuries also brought battles and occupation to the town on six occasions. Landshut housed the Bavarian State University within its walls from 1800 till 1826. That was the period of so-called 'Landshut Romanticism', which is linked with such famous names as Savigny, Feuerbach, Sailer and Brentano. Then the university moved to Munich and Landshut fell into an enchanted sleep. Industry did not come to Landshut until the 20th century, and then only gently. Nowadays, the seat of the regional government of Lower Bavaria is a modern town of about 63,000 inhabitants within the Munich Metropolitan Region, a place with numerous schools and government offices; it has, however, also one of the most attractive town centres in Central Europe due to its buildings from many periods and in many styles, above all those associated with the 15th and 16th centuries.

Landshut è una città da favola.
Ricche case borghesi si inchinano sotto le torri delle chiese che si innalzano verso il cielo e su cui troneggia il castello. Ferdinand Gregorovius aveva ragione a definire la città di Landshut "una città gotica ideale": tutte le classi sociali caratteristiche del tardo Medio Evo, la borghesia, il clero e la nobiltà, sono presenti in un solo colpo per rappresentare un'epoca ancora oggi considerata come il periodo di massimo splendore della città e che agli occhi degli abitanti di Landshut e degli ospiti della loro città culmina nel "Matrimonio di Landshut del 1475" (*Landshuter Hochzeit*). Sarebbe però riduttivo considerare questa città soltanto sulla base del matrimonio principesco: Landshut ha molto da offrire anche dal punto di vista storico. L'area attorno a Landshut risulta abitata già dal Neolitico, più di 7.000 anni fa. I signori dell'età del bronzo e i Romani controllavano da qui il passaggio sull'Isar e le vie più importanti che scorrevano nella valle dell'Isar. Già nel IX secolo sulla Hofberg sorgevano i precursori dell'attuale castello, ai cui piedi sorgevano agglomerati di case del borgo medievale sorto attorno al castello.

Il primo momento di splendore si ebbe all'inizio del XIII secolo quando i duchi di Baviera, dopo aver perso la tradizionale capitale del regno, Ratisbona, trovarono qui, nel cuore del loro ducato, una nuova capitale con il nome di "Landshut". La città appena fondata si sviluppò in modo frenetico, cosa che si può riconoscere ancora oggi dal suo aspetto: all'*Altstadt*, il centro storico, si aggiunsero ben presto i quartieri di *Neustadt*, la città nuova, e di *Freyung*, che era una zona libera da imposte. Quando nel 1255 la Baviera fu divisa in due, la città venne eletta a residenza della Bassa Baviera, mentre la famiglia dei Wittelsbach dell'Alta Baviera si trasferì a Monaco. Il periodo di splendore dei duchi della Bassa Baviera terminò dopo una sanguinosa guerra dinastica nel 1506 che si concluse con l'unificazione della Baviera sotto la guida di Monaco. Landshut divenne nel XVI sec. la residenza del primo e del secondo successore al trono. Testimonianze di questo periodo sono la Residenza in stile italiano e gli edifici rinascimentali aggiunti al castello di Trausnitz.

Con la Controriforma nacque la Landshut spirituale: ai quattro conventi medievali della città si aggiunsero altri quattro conventi barocchi e le relative chiese. Inoltre alla chiesa principale di S. Martino fu aggiunto il convento canonico di S. Castolo. Durante la Guerra dei 30 anni la città dovette soffrire moltissimo. Per tre volte fu conquistata dagli Svedesi, ma le furono risparmiate distruzioni ancora più rovinose grazie al pagamento di elevate somme di denaro. Anche il XVIII e l'inizio del XIX sec. hanno portato guerre e l'occupazione sulla città per ben sei volte. Dal 1800 fino al 1826 Landshut è sede universitaria (*Bayerische Landesuniversität*). È questa l'epoca del cosiddetto "Romanticismo di Landshut", indissolubilmente legato a nomi come Savigny, Feuerbach, Sailer o Brentano. Poi l'università si è trasferita a Monaco e Landshut è caduta in un sonno profondo. Solo molto dopo e lentamente, si ebbe, con il XX sec., l'avvento dell'industria. Oggi Landshut è la capitale del Distretto Amministrativo della Bassa Baviera e non solo è una moderna città amministrativa della regione metropolitana di Monaco con ca. 63.000 abitanti, ma grazie alla varietà degli stili architettonici di tutte le epoche che la caratterizzano (soprattutto del XV e del XVI sec.) e che ne costituiscono il carattere è una delle città più belle di tutta l'Europa centrale.

SIXT

Die Stadt im Blick
A View of the Town
La città in un colpo

Vom Turm der Martinskirche sieht Landshut fast immer noch so aus wie im Mittelalter, als die repräsentativen Straßenzüge der Altstadt, der Neustadt und der Freyung und die Gassen dazwischen angelegt wurden. Erst im 19. Jahrhundert hat die Stadt die geschützte Enge zwischen Isar und Burgberg verlassen und begonnen, über den weiten Ring der mittelalterlichen Mauern hinaus ins Isartal zu wachsen.

Seen from the tower of St Martin's Church, Landshut still looks almost the same as it did in the Middle Ages, when its citizens laid out the impressive thoroughfares in the Old Town, the New Town and in Freyung, as well as the smaller streets linking them. Not until the 19th century did the town leave its sheltered position between the castle hill and the River Isar and begin to spread beyond its extensive mediaeval walls into the Isar valley.

Vista dalla torre della Chiesa di S. Martino Landshut appare ancora oggi come una città medievale, epoca in cui è stata organizzata la griglia delle assi stradali e delle stradine del centro storico *Altstadt* e dei quartieri di *Neustadt* e di *Freyung*. Soltanto nel XIX secolo la città ha abbandonato la protezione offerta dal fiume Isar e dalla collina del castello ed ha cominciato ad espandersi oltre al vasto anello delle mura medievali in direzione della vallata del fiume.

Die „Hangleiten“ des Isartals waren schon zu frühesten Zeiten besiedelt und trugen im frühen und hohen Mittelalter eine Reihe von Burgen, von denen die Ministerialen der bayerischen Herzöge und Bischöfe Handel und Wandel im Isartal schützten. Die Isar selbst war damals ein bedeutender Wirtschaftsfaktor, auf dem Waren aller Art von weither transportiert und am Hafen der Stadt, der sogenannten „Länd“, angelandet und umgeschlagen wurden.

The slopes of the Isar valley were settled in very early times and in the early and high Middle Ages a number of fortresses were built on them by officials from the Bavarian dukes' court and by bishops anxious to protect trade and industry in the Isar valley. In those times, the Isar itself was economically important since goods of all kinds could be brought along it from distant parts and unloaded on to carts at the town's port, the so-called *'Länd'*.

Le rive dell'Isar (le famose *Hangleiten*) erano già abitate fin dall'epoca preistorica e nell'alto e nel basso Medioevo presentavano una serie di rocche dalle quali gli amministratori dei duchi e dei vescovi bavaresi governavano e controllavano le attività commerciali. Lo stesso fiume Isar rappresentava allora un importante fattore economico, perché era su di esso che venivano trasportate merci di tutti i tipi provenienti anche da molto lontano e che venivano scaricate nel porto della città, il cosiddetto *Länd*.

Die Burg Landshut wurde erst von Herzog Ludwig I. ausgebaut, um den Isarübergang zu Füßen des Burgbergs zu sichern. Zuvor hatte der Herzog die alte Brücke bei der isarabwärts gelegenen Straßburg zerstört und damit seinem ärgsten Widersacher, dem Regensburger Bischof, eine wichtige Zollquelle genommen.

Landshut Castle was first extended by Duke Ludwig I in order to secure the Isar crossing at the foot of the castle hill. Previously, the duke had destroyed the old bridge beside Strasbourg Castle further down the Isar and had thus deprived his main adversary, the Bishop of Regensburg, of an important source of customs duties.

Il castello di Landshut fu fatto ampliare dapprima dal duca Ludovico I per assicurare il passaggio sull'Isar ai piedi dalla collina del castello. Per prima cosa il duca fece distruggere il vecchio ponte che si trovava nella vicina città di Strasburgo privando così il suo più strenuo concorrente, il vescovo di Ratisbona, di un'importante fonte di introiti doganali.

Die riesigen Türme von St. Martin und St. Jodok sind Ausdruck bürgerlichen Reichtums und städtischen Stolzes. Die Landshuter Bürger blieben im Gegensatz zu den Bürgern freier Reichsstädte immer Untertanen des Herzogs. Was sie nicht daran hinderte, wirtschaftlich sehr erfolgreich zu werden und ihr Geld in große Repräsentationsbauten zu stecken.

The enormous spires of St Martin's and St Jodok's are expressions of the inhabitants' wealth and of their pride in their town. Unlike the citizens of free imperial cities, the people of Landshut always remained subjects of the dukes but this did not prevent them from enjoying economic success and investing their money in huge and imposing buildings.

Le enormi torri di S. Martino e di S. Jodoco testimoniano la grande ricchezza della borghesia e l'orgoglio della città. I cittadini di Landshut rimasero, contrariamente ai cittadini delle altre Città libere imperiali, sempre sudditi del duca. Cosa che però non impedì loro di godere di un grande successo economico e d'investire i propri guadagni in grandi e rappresentativi edifici.

Die Residenzstadt
Seat of Bavaria's Dukes
La città della Residenza

Eine reiche Bürgerstadt zu Füßen der Burg eines mächtigen Landesherrn: Landshut galt schon bald nach seiner Gründung als eine der vornehmsten Städte des Reiches. Trotz des Glanzes nach außen kam es im Inneren zuzeiten zu beträchtlichen Spannungen zwischen den selbstbewussten Landshuter Bürgern und ihrem Herzog, bei denen die Bürger den Kürzeren zogen. Eine alte Sage berichtet, die Landshuter hätten deswegen den Turm ihrer Martinskirche so hoch gebaut, „um dem Herzog in die Suppenschüssel spucken zu können". Wie gut das funktioniert, davon kann man sich heute noch überzeugen.

A town with wealthy citizens, situated beneath a castle owned by a powerful territorial lord: Soon after its foundation, Landshut was reputed to be one of the Holy Roman Empire's finest towns. Despite its apparent magnificence, there was at times considerable internal tension between the self-confident citizens of Landshut and their duke – and the citizens were the losers. An old legend claims that the people of Landshut made the spire of St Martin's so high so that they could spit in the duke's soup tureen. Today you can still see for yourself how successful they were.

Una ricca città borghese ai piedi del castello di un potente signore: Landshut è stata considerata, già poco tempo dopo la sua fondazione, una delle città più prestigiose del regno. Nonostante lo splendore superficiale, all'interno covavano, di tanto in tanto, notevoli tensioni tra i fieri cittadini di Landshut e il loro duca, nelle quali, ovviamente, erano i cittadini ad avere la peggio. Una vecchia leggenda narra che i cittadini di Landshut abbiano costruito proprio per questo motivo la torre della chiesa di S. Martino così alta "um dem Herzog in die Suppenschüssel spucken zu können" ossia per poter anche sputare nella zuppiera del duca. Ancora oggi è possibile rendersi conto se questo stratagemma sia stato efficace.

„Eines Königssitzes würdig“ haben die Wittelsbacher ihre Landshuter Stammburg ausgebaut. Schließlich waren die Herren Bayerns seit dem Jahr 1214 auch Pfalzgrafen bei Rhein und durch dieses Amt ständige Stellvertreter des deutschen Kaisers im Reich. Gerade in der ersten Hälfte des 12. Jahrhunderts, als der Stauferkaiser Friedrich II. nahezu ständig in Sizilien weilte, war die Landshuter Burg eine der wichtigsten Schaltzentralen des Reiches.

The rulers from the House of Wittelsbach turned their castle in Landshut into a family seat fit for royalty. After all, the lords of Bavaria had also been counts palatine of the Rhine since 1214, and this office made them the German emperor's permanent deputies. In the first half of the 12th century, in particular, when the Hohenstaufen emperor Frederick II was almost always away in Sicily, Landshut Castle was one of the most important centres of power in the empire.

"Degna di una residenza reale" ecco come la famiglia Wittelsbach aveva fatto ampliare il suo castello di Landshut. I signori del regno di Baviera erano diventati dal 1214 anche i conti del Palatinato presso Rhein e grazie a questa carica erano diventati anche i rappresentanti fissi dell'imperatore tedesco nel regno. Proprio nella prima metà del XII sec., quando l'imperatore di Svevia Federico II aveva stabilito in pratica la sua residenza in Sicilia, il castello di Landshut era diventato uno dei centri di comando più importanti dell'intero regno.

In der zweiten Hälfte des 16. Jahrhunderts wandelte sich die mittlelalterliche Machtzentrale in ein prächtiges Renaissanceschloss. Vor allem der innere Burghof zeigt bis heute das Gepräge dieser Zeit.

The mediaeval centre of power was transformed into a Renaissance palace in the second half of the 16th century. The inner courtyard of the castle, especially, still shows the typical features of this age.

Nella seconda metà del XVI sec. questo centro di potere medievale venne trasformato in un sontuoso castello rinascimentale. Soprattutto il cortile interno del castello mostra ancora oggi l'impronta di quest'epoca.

In die hochmittelalterlichen Gründungsjahre der Burg führt die Ausstattung der Burgkapelle St. Georg zurück. Der romanische Raum wurde, ähnlich wie bei Königspfalzen, als sogenannte Doppelkapelle konzipiert. Die außerordentlich qualitätvolle Skulpturenausstattung, vor allem die Kreuzigungsgruppe und die darunterliegende Galerie mit Aposteln und Heiligen, wurde vielleicht von einem Meister aus Straßburg geschaffen.

The appearance of St George's, the castle's chapel, takes us back to the time of the castle's foundation in the high Middle Ages. The Romanesque building was planned as a two-storey chapel of the type found in royal palaces. The sculptural decorations, which are of extremely high quality – especially the Crucifixion group and the gallery below it with its saints and apostles –, may be the work of a master craftsman from Strasbourg.

Agli anni della costruzione del castello, nell'alto Medioevo, riportano gli addobbi della cappella del castello di S. Giorgio. L'ambiente romanico fu concepito in modo simile ai palazzi reali, come cappella doppia. Le sculture sono di grandissimo spessore artistico, soprattutto il gruppo della crocifissione e la galleria sottostante con la rappresentazione di apostoli e santi e che fu probabilmente realizzata da un maestro di Strasburgo.

In allen Jahrhunderten wurde an der Landshuter Burg um- und neugebaut. Ihren heutigen Umfang erhielt sie im Wesentlichen zur Zeit der Reichen Herzöge im 15. Jahrhundert. Die ältesten Gebäude im romanischen Stil wurden umgebaut und erweitert, dazu gruppierten sich spätgotische Neubauten. Der inneren Burg wuchsen zahlreiche Versorgungsbauten zu, die wie eine kleine Stadt in der Stadt von einer neuen äußeren Wehrmauer umgeben wurden. Damals entstand auch der malerische äußere Wehrgang.

Throughout the centuries, Landshut Castle was regularly reconstructed and extended. Its present-day extent dates back largely to the times of the 'Rich Dukes' in the 15th century. The oldest Romanesque buildings were then rebuilt and enlarged, and new late-Gothic buildings were added. Numerous service buildings grew up around the inner castle, and these – like a town within a town – were enclosed by a new outer defensive wall. At that time, too, the picturesque outer walkway was constructed along the battlements.

Nel corso dei secoli intorno al castello di Landshut si sono avuti numerosi ampliamenti e modifiche. Esso deve le sue dimensioni attuali essenzialmente all'epoca del regno dei Duchi Ricchi, nel XV sec. Gli edifici più antichi, in stile romanico, furono ristrutturati ed ampliati: a questi si aggiunsero nuove costruzioni tardo gotiche. Intorno alla parte interna del castello sorsero numerosi edifici adibiti all'approvvigionamento dei residenti, che ne fecero una piccola città nella città, circondata da una nuova muraglia difensiva. Di quest'epoca è anche il pittoresco cammino di ronda esterno.

Herzog Wilhelm V. hielt sich in der zweiten Hälfte des 16. Jahrhunderts einen prächtigen Renaissancehofstaat auf der Burg. Dazu gehörten neben afrikanischen Dienern, Narren, Alchemisten und Goldmachern auch berühmte Musiker wie Orlando di Lasso und der Hofdichter Massimo Troiano aus Neapel. Troiano führte mit einer italienischen Schauspielertruppe Werke im Stil der Commedia dell' arte auf. Szenen daraus verewigte der Freskomaler Alessandro Scalzi, genannt „Il Padovano", seinerseits auf der sogenannten „Narrentreppe" im Italienischen Anbau der Burg. Diese Fresken gelten heute als einzigartiges Dokument für die italienische Stegreifkomödie.

In the second half of the 16th century, Duke William V maintained a splendid Renaissance court at the castle. Among the members of the household there were, apart from African servants, court jesters and alchemists, also musicians like Orlando di Lasso, and the court poet Massimo Troiano from Naples. Troiano performed works in the style of commedia dell'arte with a group of Italian actors. Scenes from these productions were then recorded by Alessandro Scalzi, a painter of frescoes known as 'Il Padovano', all the way up the so-called 'Jesters' Stairs' in the castle's Italian wing. Nowadays these frescoes are regarded as a unique illustration of those improvised Italian comedies.

Il duca Guglielmo V ospitava nel castello, nella seconda metà del XVI sec., una sontuosa corte rinascimentale. Di essa facevano parte, accanto a servitori provenienti dall'Africa, giullari ed alchimisti, anche musicisti famosi come Orlando di Lasso ed il poeta di corte Massimo Troiano di Napoli. Troiano rappresentò con una compagnia di attori italiani delle opere nello stile della Commedia dell'arte. Alcune scene sono state immortalate dal pittore d'affreschi Alessandro Scalzi, detto "Il Paduano". Questi dipinti murali ornano lo scalone *Narrentreppe*, (La scala dei pazzi) nella parte italiana del castello e vengono considerati ancora oggi un documento davvero unico della commedia italiana d'improvvisazione.

Bereits im Spätmittelalter sind die baumbestandenen Hänge rund um die Burg als herzoglicher Tier- und Weingarten erwähnt. Nach Jahrhunderten der Nutzung als Weinberg, Obstbaumveredelungsschule, Maulbeerplantage und botanischer Garten der Universität kam die rund 300 Hektar große Fläche 1837 in den Besitz der Stadt. Heute ist der Hofgarten mit seinen Tiergehegen, romantischen Stadtblicken und verschwiegenen Plätzen und Wegen eine der wichtigsten Erholungsstätten im Herzen der Stadt.

In the late Middle Ages already, the wooded slopes around the castle are referred to as the duke's hunting ground and the duke's vineyard. After being used over the centuries as a vineyard, as a nursery-garden where trees were grafted, as a mulberry plantation and as the university's botanic garden, the 300-hectare site became the property of the town in 1837. Today, the court's gardens with their wild animal enclosures are one of the most important leisure amenities in the centre of the town, offering romantic glimpses of the town below as well as secluded corners and paths.

Già nel tardo Medioevo i pendii alberati intorno al castello vengono citati come giardino zoologico e vigna ducale. Dopo secoli di sfruttamento come vigna, scuola per l'innesto di alberi da frutta, coltivazione di sicomoro e giardino botanico dell'Università, l'area, ampia ca. 300 ettari, entrò a far parte dei possedimenti cittadini. Oggi i giardini di corte, con i loro recinti di animali, i romantici squarci sulla città, i loro angolini e sentieri misteriosi rappresentano uno dei luoghi ricreativi più importanti nel cuore della città.

Mit dem Beginn der Neuzeit fingen die Landshuter Herzöge an, sich bequeme Wohnungen im Zentrum der Stadt einzurichten. Das prächtigste Beispiel für einen solchen Stadtpalast bietet die 1535–1546 erbaute sogenannte „Stadtresidenz" gegenüber dem Rathaus. Es handelt sich dabei um den einzigen italienischen Renaissancepalazzo nördlich der Alpen. Herzog Ludwig X. hatte bei seiner Gonzaga-Verwandtschaft in Mantua den soeben fertiggestellten Palazzo del Tè kennengelernt. Von dort kamen 1537 die italienischen Baumeister, Maurer und Steinmetzen, allesamt Mitarbeiter des Raffael-Schülers Giulio Romano, um die Residenz in Landshut zu bauen.

In early modern times, Landshut's dukes started to create comfortable living quarters for themselves in the heart of the town. Their city residence opposite the Town Hall is the most splendid example of a town mansion of this kind. It was constructed from 1535 to 1546. It is the only Italian Renaissance palazzo north of the Alps. Duke Ludwig X had been impressed by the recently completed Palazzo del Tè while visiting his Gonzaga kinsmen in Mantua. It was from there that he brought the Italian architects, builders and masons, all of them employees of Raphael's pupil Giulio Romano, who were to build his palace in Landshut.

Con l'inizio dell'era moderna i duchi di Landshut cominciarono stabilirsi in comodi appartamenti nel cuore della città. L'esempio più prestigioso di uno di questi palazzi cittadini è offerto dalla cosiddetta Residenza, costruita tra 1535-1546, che si trova di fronte al municipio. Si tratta dell'unico palazzo in stile rinascimentale italiano a nord delle Alpi. Il duca Ludovico X aveva potuto ammirare, nel corso di un soggiorno presso i Gonzaga, i suoi parenti italiani di Mantova, il Palazzo del Tè di recente costruzione. E proprio da questa città giunsero, nel 1537 gli architetti, i muratori e gli scalpellini italiani, tutti collaboratori dell'allievo di Raffaello Giulio Romano, per costruire la residenza di Landshut.

MUSEEN
STADTRESIDENZ
Ernst Ziegler

Herzstück und kostbarster Raum der Anlage ist der sogenannte „Italienische Saal“, der seinesgleichen erst wieder in den großen Renaissancestädten des Südens findet. Obwohl die Baumaterialien aus der Landshuter Gegend, höchstens dem Altmühljura oder den Alpen stammen und einheimische Künstler wie Thomas Hering oder Hans Bocksberger d. Ä. für die Ausstattung sorgten, atmet er den Glanz der italienischen Hochrenaissance und zeigt überdeutlich, wie einmalig dieser italienische Palazzo mitten in Bayern ist.

The central and most precious room in the complex is the so-called 'Italian Hall', which has its equal only in palaces in the great Renaissance cities of Southern Europe. Although all the building materials came from the Landshut region (or from the Jurassic limestone ridge beside the river Altmühl or from the Alps) and although local artists like Thomas Hering or Hans Bocksberger the Elder were responsible for the decorations, the hall is imbued with the splendour of the Italian High Renaissance and only too clearly demonstrates the unique nature of this Italian palazzo in the heart of Bavaria.

Il cuore e la stanza più sontuosa dell'intero impianto è la cosiddetta "Sala italiana", che ha rivali soltanto nelle grandi città rinascimentali dell'Europa meridionale. Anche se i materiali di costruzione provengono tutti dalle aree circostanti vicino a Landshut o al massimo dal Giura dell'Altmühl o dalla zona alpina, e anche se sono stati degli artisti locali come Thomas Hering o Hans Bocksberger d. Ä. ad occuparsi degli arredi, l'ambiente traspira lo splendore del primo Rinascimento e dimostra in modo più che convincente quanto sia unico questo palazzo in stile italiano nel cuore della Baviera.

ET INFERIORIS

Für die Stadtresidenz mussten eine Reihe älterer Bürgerhäuser weichen, darunter das alte herzogliche Zollhaus, in dem bei der Landshuter Hochzeit 1475 Kaiser Friedrich III. gewohnt hatte. Wie stattlich diese gotischen Bauten im Zentrum der Stadt sein konnten, zeigt das Hofgebäude des sogenannten Pappenbergerhauses in unmittelbarer Nachbarschaft zur Residenz. Ähnlich wie diesen unverputzten Ziegelbau muss man sich bis ins Spätmittelalter die ganze Landshuter Altstadt vorstellen. Erst mit der Renaissance begann man die Häuser nach und nach zu verputzen.

A number of large older houses had to be demolished to make way for the palace, among them the dukes' old customs house, where the emperor Frederick III had stayed during the Landshut Wedding in 1475. The magnificence of these Gothic buildings in the city centre can be gauged from the building in the courtyard of the so-called Pappenberger Mansion. You have to imagine the whole of Landshut's old town centre as having been like this unplastered brick building until the late Middle Ages. Only in the Renaissance did people begin to cover brick masonry with plaster.

Per edificare la Residenza ha dovuto essere demolita una serie di case borghesi, tra cui il vecchio edificio della dogana, nel quale aveva abitato l'imperatore Federico III in occasione del *Matrimonio di Landshut* del 1475. Quanto potessero essere imponenti questi edifici gotici nel centro della città lo mostra la cosiddetta *Casa di Pappenberg* situata nelle immediate vicinanze della Residenza. Simile a questa costruzione in mattoni priva di intonaco ci si deve immaginare l'intera città vecchia di Landshut. Soltanto con il Rinascimento intonacare le case è diventata, lentamente, una consuetudine.

Seit dem Erlass der sogenannten „Ottonischen Handveste“ 1311 war das Herzogtum Niederbayern ein verfasster Staat, dessen Stände auf Landtagen zusammenkamen. Das sogenannte Landschaftshaus gegenüber der Martinskirche war der letzte Versammlungsort dieses frühen Parlamentes. Es wurde Ende des 16. Jahrhunderts aus drei Bürgerhäusern gebildet und mit repräsentativen Fresken ausgestattet, die die Genealogie des Hauses Wittelsbach zeigen.

Since the promulgation of the decree known as the Ottonian '*Handveste*' in 1311, the duchy of Lower Bavaria had been a constitutional state and the representatives of its estates met at diets. The so-called Diet Hall opposite St Martin's Church was where this early parliament assembled for the last time. The building was created by combining three large houses and covering their facades with splendid frescoes illustrating the genealogy of the House of Wittelsbach.

Dopo il rilascio dell'editto "Ottonische Handveste" del 1311, il ducato della Bassa Baviera era uno stato composito, le cui classi sociali si radunavano regolarmente nel corso delle diete regionali e che si è mantenuto indipendente fino ai tempi dell'Assolutismo. La *Landschaftshaus* è stato l'ultimo luogo di riunione di questo primo parlamento. L'edificio fu realizzato alla fine del XVI sec. da tre case borghesi e dotato di dipinti murali che illustrano la genealogia della casata dei Wittelsbach.

Adelige Regierungsbeamte und niederbayerische Landedelleute errichteten bis ins 18. Jahrhundert hinein in Landshut aufwändig ausgestattete Stadthäuser. Eines der schönsten Beispiele ist das Palais der Freiherren von Etzdorf in der Oberen Länd, dessen Fassadenschmuck aus der Hand des berühmten Rokoko-Architekten und -Bildhauers Johann Baptist Zimmermann stammt. Links neben dem Palais stehen noch zwei gotische Handwerkerhäuser mit dem für Landshut typischen Rauhputzdekor.

Until well into the 18th century, aristocratic government officials and noblemen from rural Lower Bavaria erected elaborately decorated town-houses in Landshut. One of the finest examples is the mansion owned by Freiherr von Etzdorf in the '*Obere Länd*'; its decorated facade is the work of the famous Rococo architect and sculptor Johann Baptist Zimmermann. Beside this mansion, on the left, there are still two Gothic craftsmen's houses with the rough-cast decoration that was typical of Landshut.

Nobili impiegati del regno e la nobiltà di campagna della Bassa Baviera fecero costruire fino al XVIII sec. a Landshut case di città riccamente decorate. Uno degli esempi migliori è il Palazzo dei baroni di Etzdorf nell'*Obere Länd*: la decorazione della facciata è stata eseguita dal famoso architetto e scultore rococò Johann Baptist Zimmermann. A sinistra, vicino al palazzo, ci sono ancora due case risalenti all'epoca gotica che vantano la tipica decorazione dell'intonaco della città.

Die Bürgerstadt
The Burghers' Town
La città borghese

Wohl nur selten spielt ein großer Fluss im unmittelbaren Ambiente einer alten Stadt eine solche Rolle wie die Isar in Landshut. Ihre Arme haben bereits die ältesten Landshuter Siedlungen strukturiert: Altstadt und Neustadt entstanden zwischen zwei Isararmen, von denen der unmittelbar am Fuß des Burgbergs gelegene im Spätmittelalter trockengelegt wurde. Die sogenannte „Große" und die „Kleine Isar" dagegen gibt es bis heute. Hier der Blick auf das Isargestade und die Vorstadt „Zwischenbrücken", die auf der „Insel" dazwischen liegt.

It's probably rare for a river to play such a major role in the atmosphere of an old town as the Isar does in Landshut. The arms of the river structured the very earliest settlements in Landshut – the Old Town and the New Town grew up between two arms of the Isar, although the one that flowed right along the foot of the castle hill was drained at the end of the Middle Ages. In contrast, the so-called 'Great Isar' and the 'Little Isar' still exist today. This is a view of the banks of the Isar and of the suburb called 'Zwischenbrücken' on the island which lies between them.

Solo raramente un grande fiume ha svolto un ruolo così preminente per un'antica città come l'Isar a Landshut. I suoi bracci hanno già scolpito la struttura degli insediamenti più antichi della città: *Altstadt* e *Neustadt* sono sorte proprio tra i due rami dell'Isar: il ramo del fiume che si trovava direttamente ai piedi della montagnetta del castello è stato prosciugato nel tardo Medioevo. Il cosiddetto "Grande Isar" e "Piccolo Isar" invece esistono ancora oggi. Qui si può godere la vista della riva dell'Isar e di "Zwischenbrücken", l'isola che si trova nel mezzo.

Der Platz vor dem Rathaus ist das unbestrittene Zentrum des Straßenzugs „Altstadt“ und der ganzen historischen Stadt von Landshut. Das Rathaus besteht im Kern aus drei gotischen Bürgerhäusern, die im 14. und 15. Jahrhundert zu dem heutigen Komplex zusammengefasst wurden. Nachdem er in Renaissance und Barock mehrfach umgestaltet wurde, erhielt der Bau 1860 seine heutige neugotische Fassade.

The open space in front of the Town Hall is unquestionably the centre of the thoroughfare called Altstadt (Old Town) and of the whole historic town of Landshut. The core of the town hall consists of three Gothic houses, which were joined together in the 14th and 15th centuries to create the present-day complex. After being altered several times in Renaissance and Baroque times, the building acquired its current Neo-Gothic facade in 1860.

La piazza davanti al municipio è l’indiscusso centro del reticolo di strade del l’*Altstadt* e dell’intero centro storico di Landshut. L’edificio del municipio è costituito, nel suo nucleo principale, da tre case gotiche, che furono incorporate al complesso attuale nel XIV e nel XV sec.. Dopo numerose opere di rinnovamento effettuate in epoca rinascimentale e barocca, l’edificio acquistò la sua attuale facciata neogotica nel 1860.

Das Herz des Rathauses ist der sogenannte „Prunksaal“, der das gesamte Obergeschoss des Mittelbaus einnimmt. Der Raum bestand bereits in der Gotik. Hier fand 1475 das Hochzeitsbankett des Landshuter Herzogs Georg und seiner polnischen Braut Hedwig statt. Seit dem Umbau zwischen 1876 und 1883 zeigt der Saal an seinen Wänden Szenen aus dieser „Landshuter Hochzeit“, die wenig später die Landshuter Bürger dazu animierten, das historische Spektakel nachzuspielen.

The heart of the Town Hall is the so-called 'Ceremonial Hall', which extends across the whole first floor of the central building. The room already existed in Gothic times. It was the setting for the wedding feast held for George, the duke of Landshut, and Hedwig, his Polish bride. The hall was refurbished between 1876 and 1883 and the scenes from the 'Landshut Wedding' that have since been shown on the walls were the inspiration for the citizens of Landshut to re-create the historic spectacle.

Il cuore del Municipio è la cosiddetta *Prunksaal*, la sala delle cerimonie, che occupa l'intero piano superiore dell'edificio centrale e che esisteva già in epoca gotica. È qui che si svolse, nel 1475, il banchetto nunziale tra Georg, il duca di Landshut e la sua sposa polacca Hedwig. Dopo la ristrutturazione avvenuta tra il 1876 e il 1883, il salone vanta alle pareti delle scene del *Matrimonio di Landshut*, che poco tempo dopo doveva ispirare i cittadini di Landshut a mettere in scena questo spettacolo storico.

Erst im 19. Jahrhundert wurden die reichen Landshuter Herzöge im Stiegenhaus dargestellt. Eine historische Besonderheit dagegen ist die ehemalige städtische Steuerstube. In dem klimatisch bestens geeigneten Raum sind seit rund 350 Jahren die ältesten und wertvollsten Urkunden der Stadt verwahrt.

Not until the 19th century were Landshut's rich dukes portrayed in stained-glass windows beside the staircase. An unusual historical feature is, in contrast, the former municipal tax office. For more than 350 years, the town's oldest and most valuable documents have been stored in this room, which offers the ideal atmospheric conditions for this purpose.

Solo a partire dal XIX sec. i ricchi duchi di Landshut sono stati ritratti sulle vetrate della scalinata. Un interessante particolare storico invece è rappresentato da quella che era la Camera delle Imposte dello stato. In questa stanza, perfettamente climatizzata, sono conservati da circa 350 anni i documenti più antichi e più preziosi della città.

Niederbayern und seine Hauptstadt Landshut waren im Mittelalter stets nach Osten orientiert: nach Österreich, Ungarn, Böhmen und Polen. In diesen Ländern finden sich auch die städtebaulichen Parallelen zu den Giebelhäusern der Landshuter Altstadt – mitteleuropäische Baukunst par excellence.

In mediaeval times, Lower Bavaria and Landshut, its principal town, were always oriented towards Eastern Europe, towards Austria, Hungary, Bohemia and Poland. These are also the countries whose towns contain the buildings that provided the models for the gabled houses in Landshut – Central European architecture at its finest.

La Bassa Baviera e la sua capitale, Landshut, durante il Medioevo avevano molti contatti con l'Europa dell'est: Austria, Ungheria, Boemia e Polonia. Anche in questi paesi si trovano edifici dai tetti spioventi, tipici del centro storico di Landshut – sublimi esempi di architettura mitteleuropea.

Die „Altstadt“ verdankt ihren platzartigen Eindruck dem Repräsentationswillen der Landshuter Herzöge. Ursprünglich war der Straßenzug wie in vielen mittelalterlichen Städten in der Mitte bebaut. Hier stand auch das älteste Rathaus der Stadt. Bei Grabungen vor der Martinskirche fand man in den 1980er-Jahren die Fundamente dieser Gebäude. Es war vermutlich Herzog Heinrich der Reiche, der die Häuser abreißen ließ und damit den heutigen Straßenmarkt schuf, auf dem die Vorstadtbauern, „Schwaiger“ genannt, seit Jahrhunderten ihre Ware anbieten.

The road known as *Altstadt* looks more like a large square, a result of the urge to impress felt by Landshut's dukes. Originally, the thoroughfare had buildings in the middle of it, as was the case in many mediaeval towns. The town's oldest town hall was also in the centre – the foundations of this building were discovered in the 1980s during excavations in front of St Martin's. It was probably Duke Henry the Rich who had these houses pulled down and thus created the present-day street-market, at which the farmers from outside the town have been selling their wares for centuries.

L'*Altstadt* deve il suo aspetto a piazza ai duchi di Landshut. Originariamente la strada era simile a quella di molte città medievali, con edifici al centro. Qui che si trovava anche il municipio più vecchio della città. Negli anni '80, in occasione degli scavi portati avanti davanti alla chiesa di S. Martino sono state ritrovate le fondamenta di questi edifici. Probabilmente il duca Enrico il Ricco fece demolire le case, creando in questo modo la zona di mercato attuale, nelle quali i contadini delle campagne vicine, chiamati *Schwaiger* vendono già da secoli la loro mercanzia.

WEINGALERIE

SPARKASSE

Schon seit Jahrhunderten können die Landshuter selbst bei strömendem Regen und ohne Schirm einkaufen. Sie tun das „Unter den Bögen“ im Erdgeschoss einer Reihe von Altstadt-Bürgerhäusern. In diesen Lauben, wie es sie beispielsweise auch in Bern, Bozen oder Bologna gibt, hielten früher Händler und Handwerker ihre Waren feil.

For centuries, the people of Landshut have been able to do their shopping even in the pouring rain and without umbrellas. They can do it 'under the arches' on the ground floor of a number of houses in *Altstadt*. In these arcades, similar to those found in Berne, Bolzano and Bologna, tradesmen and craftsmen used to offer their goods for sale.

I cittadini di Landshut possono fare la spesa senza ombrello anche se piove a dirotto. Lo fanno sotto i portici, al piano terra di una serie di case borghesi dell'*Altstadt*. In questo porticato, simile a quello di città come Berna, Bolzano o Bologna, i commercianti e gli artigiani espongono da secoli la loro merce.

Als wäre er von einer anderen Welt schiebt sich der gewaltige Turmblock von St. Martin in die Altstadtfront und unterbricht die pittoreske Abfolge der großen und kleinen Bürgerhäusergiebel. Der gigantische Bau dieser Bürgerkirche legt eindrucksvoll Zeugnis davon ab, wie es um das Selbstbewusstsein und die finanzielle Potenz der spätmittelalterlichen Landshuter bestellt war.

Like something from another world, the mighty base of St Martin's spire intrudes into the line of *Altstadt* facades, interrupting the picturesque sequence of large and small house-gables. The gigantic church erected by the burghers of Landshut bears impressive witness to the self-confidence and spending power of the inhabitants of late-mediaeval Landshut.

L'imponente torre di San Martino si inserisce potentemente nella facciata della città vecchia interrompendo la pittoresca successione dei frontoni grandi e piccoli delle case borghesi. Questa gigantesca costruzione è una testimonianza davvero straordinaria della grande consapevolezza e del potere economico degli abitanti di Landshut nel tardo Medioevo.

Die Burg wacht über der Einmündung der sogenannten „Oberen Länd“ in die Altstadt. Der spindelförmige Straßenzug der Oberen und der Unteren Länd, so bezeichnet, weil man von hier aus die Floßländen am Isarufer erreicht, erschließt die Rückseiten der großen Bürgerhauskomplexe der Altstadt.

The castle looks down on where the street called *'Obere Länd'* leads into the Old Town. Two streets in the shape of a spindle once provided access here to the landing-stage for rafts on the banks of the Isar. They now lead to the rear entrances of the large complexes of houses in the Old Town square.

Il castello troneggia sul cosiddetto *Obere Länd* (Länd Superiore) nell'*Altstadt* La strada che porta dal Länd Superiore a quello Inferiore è a forma di spirale e sbocca sui *Floßlände* situati sulle rive dell'Isar e comprende anche il lato posteriore del grande complesso di case borghesi del centro storico.

Alte und neue „Nasenschilder" zeugen vom bürgerlichen Stolz der Landshuter Handwerker und Geschäftsleute. Im 1453 erbauten sogenannten „Grasbergerhaus" in der Nachbarschaft des Rathauses, das heute der Sparkasse gehört, war 1475 die Braut der Landshuter Hochzeit untergebracht. Das große Patrizierhaus beeindruckt im Erdgeschoss mit einer prächtigen gotischen Halle.

Wrought-iron shop signs, old and new, demonstrate the pride felt by Landshut's craftsmen and business people. Near the Town Hall is the so-called Grasberg Mansion which was built in 1453. In 1475, the bride involved in the 'Landshut Wedding' was accommodated here. The large patrician residence was particularly impressive due to the splendid Gothic hall on the ground-floor.

Vecchie e nuove insegne (*Nasenschilder*) testimoniano l'orgoglio borghese degli artigiani e dei commercianti di Landshut. L'edificio chiamato *Grasbergerhaus*, edificato nel 1453 vicino al municipio e che oggi appartiene alla Cassa di risparmio, ha ospitato, nel 1475, la sposa del matrimonio di Landshut. La grande casa patrizia incanta grazie al suo stupendo vestibolo gotico.

Johañ Sax Maler

SPARK

Seit dem 13. Jahrhundert war Landshut von einer massiven Stadtmauer mit zahlreichen Türmen umgeben, die sich an den Mauerbering der Burg anschloss. Weite Strecken der nutzlos gewordenen Verteidigungsanlagen wurden im 19. Jahrhundert an Bürger verkauft, in Wohnhäuser einbezogen oder abgebrochen, als die Stadt wuchs und man begann, neue Wohn- und Geschäftsviertel außerhalb der mittelalterlichen Stadt zu erschließen.

From the 13th century on, Landshut was encircled by massive town walls with numerous towers. These walls also connected up with the wall surrounding the castle. In the 19th century, large sections of the now superfluous mediaeval defences were either sold to ordinary citizens, or incorporated into new houses or demolished as the town expanded and new residential and commercial districts began to develop beyond the confines of the mediaeval town.

Dal XIII sec. Landshut era protetta da una massiccia muraglia che circondava la città: dotata di numerose torri, si collegava alle mura del castello. Ampi tratti dell'impianto difensivo, diventato ormai inutile, sono stati venduti nel XIX sec. ai cittadini, integrati in abitazioni o semplicemente interrotti quando la città, crescendo, ha cominciato a inglobare nuovi quartieri di abitazioni e di negozi e ad espandersi oltre ai confini della città medievale.

Von den insgesamt acht Toren haben sich nur zwei teilweise erhalten: das Ländtor (rechts) und das Hutertor mit seinem vorgebauten Zwinger. Der Torturm dieser Anlage wurde bei der französischen Eroberung der Stadt im Jahr 1800 schwer beschädigt, so dass das Obergeschoss des Turmes abgetragen werden musste.

Originally, there were eight gates, yet only two have survived even partially – the *Ländtor* (right) and the *Hutertor* with its outer ward. The gate-tower here was badly damaged when French troops captured the town in 1800. As a result the upper storey had to be removed.

Delle complessive otto porte originali se ne sono conservate, parzialmente, soltanto due: la *Ländtor* (a destra) e la *Hutertor* con il suo recinto. La torre di questa porta è stata danneggiata molto gravemente durante la conquista della città da parte dei Francesi, nel 1800. Di conseguenza il piano superiore della torre ha dovuto essere demolito.

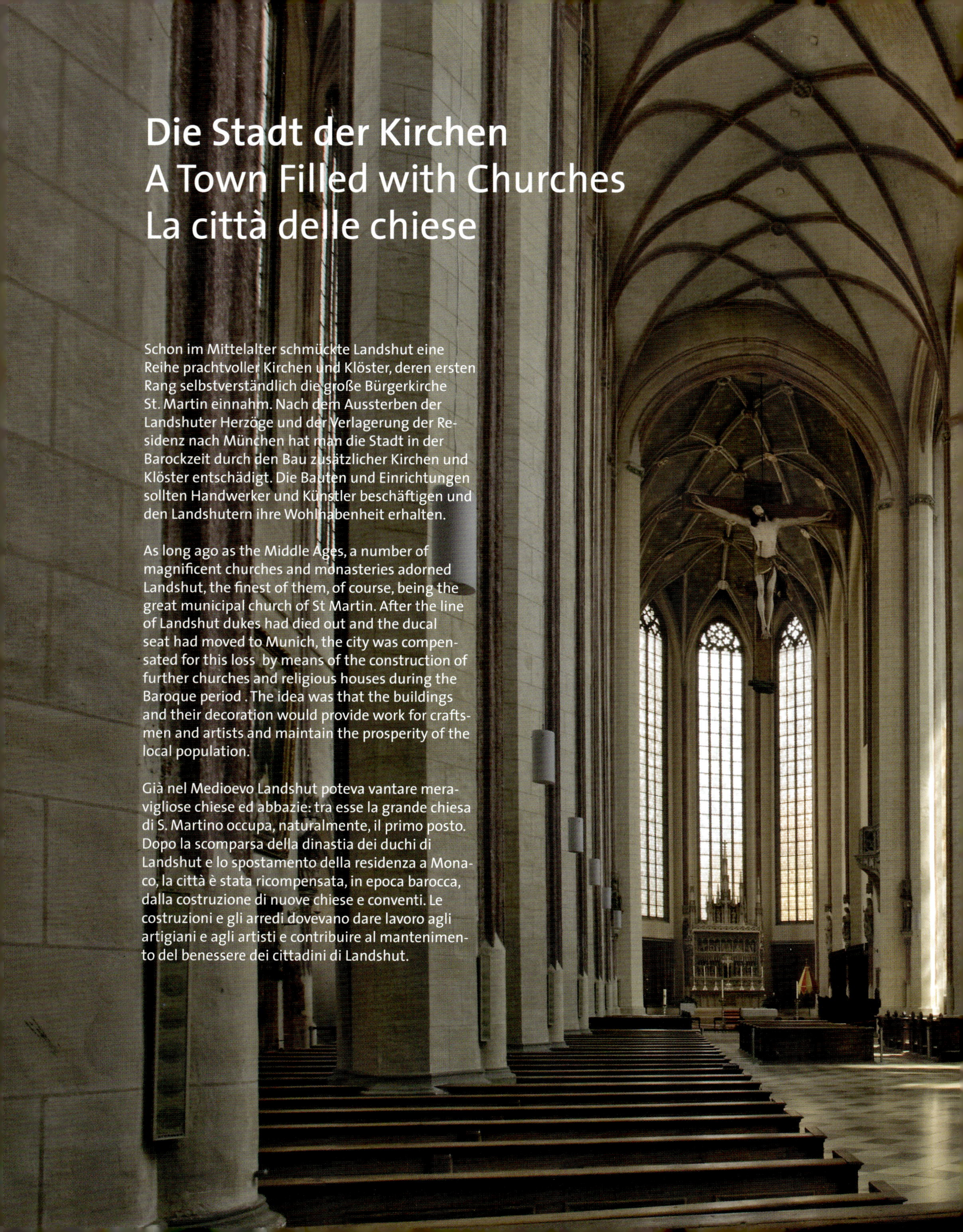

Die Stadt der Kirchen
A Town Filled with Churches
La città delle chiese

Schon im Mittelalter schmückte Landshut eine Reihe prachtvoller Kirchen und Klöster, deren ersten Rang selbstverständlich die große Bürgerkirche St. Martin einnahm. Nach dem Aussterben der Landshuter Herzöge und der Verlagerung der Residenz nach München hat man die Stadt in der Barockzeit durch den Bau zusätzlicher Kirchen und Klöster entschädigt. Die Bauten und Einrichtungen sollten Handwerker und Künstler beschäftigen und den Landshutern ihre Wohlhabenheit erhalten.

As long ago as the Middle Ages, a number of magnificent churches and monasteries adorned Landshut, the finest of them, of course, being the great municipal church of St Martin. After the line of Landshut dukes had died out and the ducal seat had moved to Munich, the city was compensated for this loss by means of the construction of further churches and religious houses during the Baroque period . The idea was that the buildings and their decoration would provide work for craftsmen and artists and maintain the prosperity of the local population.

Già nel Medioevo Landshut poteva vantare meravigliose chiese ed abbazie: tra esse la grande chiesa di S. Martino occupa, naturalmente, il primo posto. Dopo la scomparsa della dinastia dei duchi di Landshut e lo spostamento della residenza a Monaco, la città è stata ricompensata, in epoca barocca, dalla costruzione di nuove chiese e conventi. Le costruzioni e gli arredi dovevano dare lavoro agli artigiani e agli artisti e contribuire al mantenimento del benessere dei cittadini di Landshut.

St. Martin zählt zu den bedeutendsten Hallenkirchen der Spätgotik. Der um 1500 fertiggestellte, exakt 130,6 Meter hohe Turm ist nicht nur der höchste Ziegelturm der Welt, sondern nach dem Turm des Straßburger Münsters auch das zweithöchste vor Beginn der Neuzeit vollendete menschliche Bauwerk. Um 1490 installierte ein unbekannter Uhrmacher eine mechanische Uhr mit Viertelstundenschlag auf dem Turm. Nicht einmal in der überaus reichen Stadt Nürnberg hatte man solch ein Wunder bis dato gesehen. Die Nürnberger Ratsherrn reagierten postwendend „und hießen bald eins machen lan", wie es in der Chronik heißt, befahlen also, die Erfindung des anonymen Landshuter Uhrmachermeisters zu kopieren.

St Martin's is one of the most important hall churches dating from the late-Gothic period. Its spire, completed in 1500 and exactly 130.6 metres tall, is not only the highest brick-built tower in the world, but was – after the spire of Strasbourg Minster – also the second highest building mankind had constructed before the start of the modern era. In about 1490, an unknown clockmaker installed a mechanical clock in the tower that struck every quarter-hour. Hitherto, such a wonder had never been seen, not even in the extremely wealthy city of Nuremberg. The aldermen of Nuremberg reacted instantly and demanded that a clock should be made for their city forthwith, i. e., they gave orders for the anonymous Landshut clockmaker's invention to be copied at once.

S. Martino è una delle cattedrali tardo gotiche più importanti. La torre, finita di costruire verso il 1500, è alta esattamente 130,6 m e non è solo una delle torri in mattoni più alta del mondo: è anche, dopo la torre della cattedrale di Strasburgo, la seconda torre più alta costruita prima dell'inizio dell'Epoca moderna. Verso il 1490 un orologiaio sconosciuto ha installato un orologio meccanico che rintoccava ogni quarto d'ora. Nemmeno nell'opulenta città di Norimberga si era mai vista una simile meraviglia fino a quel momento. I consiglieri municipali di Norimberga reagirono a stretto giro di posta e ne fecero costruire uno e, come è riportato nella Cronaca della città, diedero l'ordine di copiare immediatamente l'invenzione dell'anonimo maestro orologiaio di Landshut.

Zu Beginn des 16. Jahrhunderts wirkte in Landshut mit Hans Leinberger der bedeutendste altbayerische Bildhauer der Spätgotik. Eines seiner Hauptwerke, die riesige „Leinbergermadonna“, ziert heute die Stirnwand des rechten Seitenschiffs in St. Martin.

Hans Leinberger, Bavaria's greatest sculptor in the late-Gothic period, worked in Landshut at the beginning of the 16th century. One of his principal works, the massive 'Leinberger Madonna', adorns the front wall of the right-hand aisle in St Martin's.

All'inizio del XVI sec. fu attivo Hans Leinberger, lo scultore bavarese più importante del tardo gotico. Uno dei suoi capolavori, l'enorme "Madonna con Bambino" si trova oggi sulla parete frontale della navata laterale destra nella chiesa di S. Martino.

Seit 1596 ist St. Martin Sitz des Stiftskapitels St. Kastulus. Die Insignien der Stiftspröpste, wie Mitra und Hirtenstab, gehören zusammen mit anderen wertvollen Paramenten und Altargerät zum Schatz der Stiftsbasilika, der in der Allerseelenkapelle ausgestellt ist.

Since 1596, St Martin's has been the seat of the collegiate chapter of St Kastulus. The insignia of the chapter's provosts, for instance the mitre and the crozier, are now among the treasures belonging to the collegiate basilica. These treasures, including other precious vestments and hangings, are on display in All Souls' Chapel.

Dal 1596 S. Martino è la sede del capitolo del monastero di San Castolo. Le insigne dei prevosti, come la mitra e il bastone, fanno parte, insieme ad altri preziosi paramenti e ornamenti d'altare, del tesoro della basilica del monastero esposto nella cappella di Ognissanti.

St. Jodok ist die zweite mittelalterliche Pfarrkirche der Stadt. Sie wurde als geistliches Zentrum für den 1338 gegründeten Stadtteil Freyung erbaut. Benannt ist sie nach Reliquien des bretonischen Fürsten und Einsiedlers Jodok, die Herzog Heinrich der Reiche der Kirche schenkte. Eine Reihe von architektonischen Details, insbesondere der Turm, zeigen unverkennbar das Gepräge der Landshuter Bauhütte, wie es für viele Kirchen in und in weitem Umkreis um Landshut typisch ist.

St Jodok's is the town's second mediaeval parish church. It was established as the spiritual centre of Freyung, the district of the town that was founded in 1338. It is named after the Breton prince and hermit Jodok, whose relics were presented to the church by Henry the Rich. A number of architectural features, especially the tower, unmistakably reveal the signature of masons from Landshut, a style seen as typical of many churches in the town and the surrounding area.

San Jodoco è la seconda chiesa parrocchiale medievale della città. Fu edificata come centro spirituale per il quartiere di *Freyung* fondato nel 1338. Deve il suo nome alle reliquie del principe ed eremita bretone Jodoco, che furono donate alla chiesa dal duca Enrico il Ricco. Una serie di dettagli architettonici, soprattutto della torre, mostrano l'impronta inconfondibile del cantiere di Landshut, e sono diventati tipici di molte chiese sia nella città di Landshut che nei dintorni.

1232 gründete Herzogin Ludmilla die Zisterzienserinnenabtei Seligenthal. In der Afrakapelle des Klosters werden die frühgotischen „Stifterfiguren" in hohen Ehren gehalten. Sie sollen Herzogin Ludmilla und den Stadtgründer Herzog Ludwig zeigen. Die Herzogin, eine verwitwete Gräfin von Bogen, brachte das weißblaue Bogener Weckenwappen in die Ehe mit, das seitdem zum Symbol für Bayern geworden ist.

Duchess Ludmilla founded the Cistercian convent at Seligenthal in 1232 . In the convent chapel, dedicated to St Afra, there are two greatly-venerated early-Gothic statues of the convent's founders. The statues are said to represent Duchess Ludmilla and Duke Ludwig, Landshut's founder. The duchess, a widowed Countess of Bogen, brought her coat of arms into the marriage. This included Bogen's blue and white lozenges, which have since become the symbol for the whole of Bavaria.

Nel 1232 la duchessa Ludmilla fondò l'abbazia cistercense di Seligenthal. Nella cappella di Sant'Afra sono onorate le statue dei fondatori: la duchessa Ludmilla e il fondatore della città, il conte Ludovico. La duchessa, vedova del conte von Bogen, portò nella famiglia del marito lo stemma a parallelogrammi bianchi e blu, diventato da allora il simbolo della Baviera.

Die ursprünglich spätromanische Abteikirche wurde 1732–1734 von Johann Baptist Zimmermann im Rokokostil umgestaltet. Die Abtei, heute das weltweit größte Frauenkloster des Ordens, war das Haus- und Begräbniskloster der Landshuter Wittelsbacher, deren Hochgrab noch heute in der Mitte der Kirche steht.

The convent church, originally late-Romanesque, was refurbished in Rococo style by Johann Baptist Zimmermann between 1732 and 1734. The convent, now the largest one belonging to the Cistercian order anywhere in the world, was once very closely linked with the Landshut branch of the Wittelsbach dynasty, whose members used to be buried here. Their sarcophagus still stands in the centre of the church.

L'originale abbazia tardoromanica fu ristrutturata tra il 1732–1734 da Johann Baptist Zimmermann in stile rococò. L'abbazia è oggi il convento femminile cirstercense più grande del mondo ed era anche il convento e la cripta funeraria della famiglia dei Wittelsbach di Landshut, la cui tomba rialzata si trova oggi al centro della chiesa.

Die ehemalige Dominikanerkirche präsentiert sich außen im streng frühgotischen Kleid der zweiten Hälfte des 13. Jahrhunderts. Ins Innere der späteren Universitätskirche hat der bayerische Hofbaumeister Johann Baptist Zimmermann im 18. Jahrhundert lichtes Rokoko fließen lassen.

From the outside, the former Dominican church presents itself in the austere early Gothic style typical of the later 13th century. However, Bavarian Court Architect Johann Baptist Zimmermann used the brightness of 18th-century Rococo to create the interior of what was later the university church.

L'aspetto esteriore dell'ex chiesa dei Domenicani, in stile primo gotico della seconda metà del XIII sec., è piuttosto severo. L'interno di quella che sarebbe diventata la chiesa dell'Università ha invece un'impronta leggermente rococò, datagli dal costruttore di corte bavarese Johann Baptist Zimmermann nel XVIII sec.

Obwohl nicht weniger als vier große Kirchen in Säkularisations- und Kriegsjahren verloren gingen, verfügt Landshut bis heute über ein rundes Dutzend alter und kunsthistorisch bedeutender Pfarr- und Klosterkirchen. Nicht gezählt sind dabei zahlreiche kleinere Kirchen und Kapellen, wie hier das Kirchlein des Stadtpatrons St. Sebastian im Stadtteil Zwischenbrücken. Zum Festtag des Pestheiligen versammelt sich seit über 500 Jahren der Landshuter Stadtrat zu einer feierlichen Messe.

Although four large churches were lost during wars and Secularisation, Landshut still has a dozen old parish churches and monastery churches of art-historical interest. This figure does not include numerous smaller churches and chapels like this one situated in the district of Zwischenbrücken and dedicated to the town's patron saint, St Sebastian. For more than 500 years, the members of the town council have assembled here to hold a special service on the feast day of St Sebastian, who was also regarded as a protector from Bubonic plague.

Anche se almeno quattro grandi chiese sono rimaste vittime degli anni della secolarizzazione e della guerra, Landshut può vantare ancora oggi oltre una dozzina di chiese parrocchiali e conventuali, importanti sia dal punto di vista storico che artistico. Per non parlare poi delle numerose chiesette e cappelle più piccole, come la chiesa del patrono della città, S. Sebastiano, nel quartiere di *Zwischenbrücken*. Nel giorno della festa del Santo della peste il consiglio comunale di Landshut si riunisce qui da più di 500 anni per prendere parte ad una messa solenne.

Die Landshuter Hochzeit
The Landshut Wedding
Il Matrimonio di Landshut

Sie ist die vermutlich größte historische Festveranstaltung Europas: Rund 2.300 Mitwirkende und Hunderttausende Besucher versetzen die Stadt alle vier Jahre in Ausnahmezustand. Vor ihrer einzigartigen Stadtkulisse spielen die Landshuter eines der größten höfischen Feste des Mittelalters nach, die Hochzeit Herzog Georgs des Reichen mit der polnischen Königstochter Hedwig im Jahr 1475.

This is probably the largest historical festival in Europe. Every four years, the town is in a state of complete turmoil as 2,300 participants and hundreds of thousands of visitors commemorate the 1475 wedding. Against the background of their unique town centre, the people of Landshut re-create one of the greatest courtly festivals of the Middle Ages, the marriage of Duke George the Rich to Hedwig, daughter of the Polish king.

Questa è probabilmente la rievocazione storica più grande d'Europa: circa 2.300, tra collaboratori, attori e comparse e centinaia di migliaia di visitatori mettono la città, ogni quattro anni, in stato d'assedio. Di fronte ad uno scenario cittadino davvero unico gli abitanti di Landshut ripropongono una delle più grandi feste cortesi del Medioevo: il matrimonio del loro ricco duca Giorgio con la figlia del re di Polonia Hedwig nel 1475.

WEINGALERIE

Neben dem Hochzeitszug durch die Straßen der Stadt, der die Einholung der Braut darstellt, liegt ein zweiter Brennpunkt der Festspiele auf dem Isargries vor den Toren der Stadt. Dort gibt es Gaukler-, Reiter und Ritterspiele mit eindrucksvollen Massenszenen bei Tag und stimmungsvollem Lagerleben bei Nacht. Alle Kostüme und Requisiten, alle Wägen und eigens für das Fest errichteten Bauten halten sich dabei bis ins Detail an historische Vorlagen, die entweder von den Chronisten der Hochzeit von 1475 überliefert sind oder sich im Bestand von Museen in aller Welt finden.

Apart from the wedding procession through the streets of the town, which recreates the arrival of the bride in Landshut, the other main focus of the festivities is on the celebrations on the *Gries*, a sandy spit in the River Isar outside the confines of the town. There, during the day you can marvel at jugglers and acrobats or knights on horseback, or jousting tournaments involving masses of participants; in the evenings everybody can join in the activities in the camp. All the costumes and properties, all the wagons and the buildings erected specially for the festivities remain faithful in every detail to their historical models.

Accanto alla processione nunziale lungo le strade cittadine, che rappresenta l'ingresso della sposa in città, si ha un secondo momento clou nelle rappresentazioni sul l'*Isargries* davanti alle porte della città. Qui si radunano infatti giocolieri e cavalieri che danno luogo a tornei equestri e danze di giorno e ricreano l'atmosfera della vita quotidiana nell'accampamento di notte. Tutti i costumi ed i requisiti, i carri e gli edifici sono scrupolosamente curati in ogni dettaglio e si attengono ai modelli storici che ci provengono sia dai cronisti presenti al matrimonio del 1475 o dalle testimonianze che si trovano nei musei di tutto il mondo.

Besonders weit geht die Detailgenauigkeit bei den Ritterspielen, die das originale Turnier anlässlich der Hochzeit von 1475 nachstellen. Die jungen Landshuter Ritter präsentieren dabei ein im Spätmittelalter übliches „Rennen über die Planken" – ohne „Netz und doppelten Boden". Zum Einsatz kommen Nachbauten originaler „Rennzeuge" der damals weltweit berühmten Landshuter Plattner; Harnische, die auch noch im 21. Jahrhundert ihre komplizierte Funktionsweise und handwerkliche Präzision eindrucksvoll unter Beweis stellen.

The attention to detail is particularly pronounced in the jousting, which exactly recreates the original tournament on the occasion of the wedding in 1475. Landshut's young knights present a 'race over planks – without a safety net', a competition that was common in the late Middle Ages. They wear reproductions of original suits of armour made by Landshut's armourers, who were then world-famous. Even in the 21st century, these suits of armour offer impressive evidence of their complicated structure and the precision of their craftsmanship.

Particolarmente curati nei dettagli sono i tornei cavallereschi che ripropongono i giochi originale tenuti in occasione del matrimonio del 1475. I giovani cavalieri di Landshut presentano la giostra a "lancia in resta", tipica del basso Medioevo - senza "rete o doppio fondo". A questo scopo vengono utilizzate copie degli originali "carri da corsa" degli allora famosissimi armatori di Landshut; armi che sono in grado, anche nel XXI sec. di impressionare per il loro complicato funzionamento e per la loro precisione.

Im Rathausprunksaal, der schon das historische Festbankett von 1475 gesehen hat, finden das Fest- und das Tanzspiel statt, die den Besuchern die historischen Umstände der Landshuter Hochzeit und ein fürstliches Tanzfest des Spätmittelalters vor Augen führen. Heute wie damals feiern hier polnische Fürsten aus dem Gefolge der Braut, und der Kaiser führt die fürstliche High Society zum Tanz.

The magnificent hall in the Town Hall is the setting for a pageant and display of dancing that allow visitors to learn about the historical events of the Landshut Wedding and to experience a late-mediaeval festival of dance for the nobility. Today, as at the actual wedding, Polish princes from the bride's retinue celebrate the occasion and the emperor invites the members of 15th-century high society to join in the dancing.

Nella sala delle cerimonie del municipio, già testimone del festoso banchetto storico del 1475, hanno luogo oggi feste e balli che ripropongono ai visitatori l'ambientazione storica del matrimonio di Landshut e di una festa danzante principesca del tardo Medioevo. Ora come allora i principi polacchi della corte della sposa festeggiano e l'imperatore invita a ballare l'alta società.

STADTGESCHICHTE AUF EINEN BLICK

1204 Offizielle Stadtgründung durch Herzog Ludwig I.; Landshut Hauptstadt Bayerns
1232 Herzogin Ludmilla gründet für ihren ermordeten Gemahl Ludwig die Abtei Seligenthal; weitere mittelalterliche Klöster: 1271 Dominikaner, 1280 Franziskaner, 1346 Franziskanerinnen
1255 Landesteilung; Landshut Hauptstadt Niederbayerns
1338 Gründung des Stadtteils Freyung
1342 Stadtbrand; seitdem wird in Landshut vornehmlich in Ziegel gebaut
1369 St. Jodok zweite Pfarrei neben St. Martin
1389 Baubeginn der spätgotischen Martinskirche
1363 – 92 Landshut letztmals Hauptstadt von ganz Bayern
1450 Herzog Ludwig der Reiche; Vertreibung der Landshuter Juden
1475 „Landshuter Hochzeit“
1500 Martinskirche vollendet; Landshut hat rund 10.000 Einwohner
1503 – 05 Landshuter Erbfolgekrieg nach dem erbenlosen Tod Herzog Georgs
1506 Wiedervereinigung Bayerns unter Münchner Führung
1514 – 45 Landshut Zweitresidenz unter Herzog Ludwig X.; danach halten bis 1579 die Thronfolger Albrecht V. und Wilhelm IV. Hof in Landshut
1543 Stadtresidenz vollendet; 1568 – 79 Renaissance-Umbau der Burg
1596 Verlegung des Kollegiatsstifts St. Kastulus nach Landshut; in der Folge weitere Klostergründungen: 1610 Kapuzinerkloster, 1627 Kapuzinerinnenkloster, 1629 Jesuitenkolleg und Jesuitengymnasium (heutiges Hans-Carossa-Gymnasium), 1668 Ursulinenkloster
1618 – 48 Landshut im Dreißigjährigen Krieg dreimal gebrandschatzt
1704 – 79 Landshut wird in den Spanischen, Österreichischen und Bayerischen Erbfolgekriegen jeweils schwer in Mitleidenschaft gezogen
1773 Aufhebung des Jesuitenkollegs
1800 – 26 Landshut Sitz der Bayerischen Landesuniversität; „Landshuter Romantik“ u. a. mit Bettina und Clemens Brentano, Anselm v. Feuerbach, Friedrich Karl v. Savigny und Johann Michael Sailer
1803 Säkularisation: Aufhebung sämtlicher Klöster und Stifte
1826 Wiedererrichtung des Ursulinenklosters, 1835 Franziskanerkloster, 1836 Abtei Seligenthal
1839 Landshut Regierungshauptstadt von Niederbayern
1858 Eröffnung der Bahnstrecke München – Landshut
1860 – 83 Neugestaltung des Rathauses; Landshut hat rund 20.000 Einwohner
1903 Erste Aufführung der „Landshuter Hochzeit 1475“
1933 – 42 Verfolgung der Landshuter Juden; keiner von ihnen überlebt den Krieg
1945 alliierte Bombardements verschonen die Altstadt, vernichten aber das Bahnhofsviertel; Hunderte Landshuter finden den Tod
1952 Gründung des Südostbayerischen Städtetheaters (heute Landestheater Niederbayern)
1978 Errichtung der Fachhochschule
1994 Roman Herzog (geb. 1934 in Landshut) wird Bundespräsident
2009 Landshut hat rund 63.000 Einwohner

THE TOWN’S HISTORY AT A GLANCE

1204 Town founded by Duke Ludwig I; Landshut capital of Bavaria
1232 Duchess Ludmilla founds Seligenthal Convent; further monasteries and friaries: 1271 Dominicans, 1280 Franciscans, 1346 Franciscan nuns
1255 Partition of Bavaria; Landshut capital of Lower Bavaria
1369 St Jodok’s becomes second parish church after St Martin’s
1389 Building of late-Gothic St Martin’s Church begins
1363 – 92 Landshut capital of all of Bavaria for the last time
1450 Duke Ludwig the Rich; expulsion of Jews from Landshut
1475 The Landshut Wedding
1500 St Martin’s completed; Landshut has approx. 10,000 inhabitants
1503 – 05 War of Succession in Landshut after Duke George dies without an heir
1506 Reunification of Bavaria under Munich’s rule
1514 – 45 Landshut second ducal seat under Duke Ludwig X; Albrecht V and William IV then hold court in Landshut till 1579
1543 Ducal palace in town centre completed; castle rebuilt in Renaissance style 1568–79
1596 Collegiate chapter of St Kastulus transferred to Landshut, further monasteries and convents: Capuchins 1610, Capuchin nuns 1627, Jesuits 1629, Ursuline nuns 1668

1618 – 48 Landshut sacked three times in 30 Years' War
1704 – 79 Landshut badly damaged in Wars of Spanish, Austrian and Bavarian Succession
1800 – 26 Landshut seat of Bavarian State University; 'Landshut Romanticism' attracts, among others, Bettina and Clemens Brentano, Anselm von Feuerbach, Friederich Karl von Savigny and Johann Michael Sailer
1803 All religious houses dissolved; some re-established later
1839 Landshut seat of Lower Bavarian government
1903 First re-creation of the 'Landshut Wedding of 1475'
1933 – 42 Persecution of Landshut's Jews, none of whom survives the war
1945 Town centre spared in bomb attacks, but station district destroyed; hundreds of casualties in Landshut
1978 Foundation of University of Applied Sciences
1994 Roman Herzog, born in Landshut in 1934, becomes German president
2009 Landshut has about 63,000 inhabitants (20,000 in 1870)

LA STORIA DELLA CITTÀ IN BREVE

1204 Fondazione della città da parte del duca Ludovico I.; Landshut è capitale della Baviera
1232 La duchessa Ludmilla fonda l'abbazia di Seligenthal; altri monasteri: 1271 Domenicani, 1280 Francescani, 1346 Francescane
1255 Divisione del regno; Landshut è la capitale della Bassa Baviera
1369 St. Jodoco è la seconda parrocchia accanto a S. Martino
1389 Inizio della costruzione della chiesa tardogotica di S. Martino
1363 – 92 Landshut è per l'ultima volta capitale dell'intera Baviera
1450 Duca Ludovico il Ricco; cacciata degli ebrei da Landshut
1475 "Il Matrimonio di Landshut"
1500 Completamento della chiesa di S. Martino; Landshut ha ca. 10.000 abitanti
1503 – 05 Guerra di successione di Landshut dopo la morte, senza eredi, del duca Giorgio
1506 Riunificazione della Baviera sotto guida di Monaco
1514 – 45 Landshut diventa seconda residenza sotto il duca Ludovico X.; i successori al trono Alberto V e Guglielmo IV avranno la propria corte a Landshut
1543 Viene completata la Residenza; 1568 – 79 ristrutturazione del castello in stile rinascimentale
1596 Spostamento della Collegiata di S. Castolo a Landshut; fondazione di ulteriori conventi: 1610 convento dei Cappuccini; 1627 convento delle Cappuccine, 1629 collegio dei Gesuiti, 1668 convento delle Orsoline
1618 – 48 Landshut viene saccheggiata tre volte durante la Guerra dei Trent'anni
1704 – 79 Landshut viene coinvolta, con pesanti conseguenze, nelle guerre di successione spagnola, austriaca e bavarese
1800 – 26 Landshut è sede universitaria; "Romanticismo di Landshut" con Bettina e Clemens Brentano, Anselm v. Feuerbach, Friedrich Karl v. Savigny e Johann Michael Sailer
1803 Secolarizzazione di tutti i conventi (parzialmente revocata più tardi)
1839 Landshut è capitale del governo della Bassa Baviera
1903 Prima rappresentazione del "Matrimonio di Landshut 1475"
1933 – 42 Persecuzione degli ebrei di Landshut; nessuno di loro sopravvive alla guerra
1945 Le bombe risparmiano la città, distruggono però il quartiere della stazione. Centinaia di abitanti della città trovano la morte.
1978 Costruzione del Politecnico
1994 Roman Herzog (nato a Landshut nel 1934) diventa presidente della Repubblica Federale Tedesca
2009 Landshut ha ca. 63.000 abitanti (1870: 20.000)

Die Abbildungen auf Seite 16, 18, 19, 24 und 25 entstanden mit freundlicher Genehmigung der „Bayerischen Verwaltung der staatlichen Schlösser, Gärten und Seen", die auf Seite 46 bis 51 und 55 mit freundlicher Genehmigung der „Katholischen Stadtkirche Landshut". Für freundliche Genehmigung der Abbildungen auf Seite 52 und 53 ergeht Dank an die Zisterzienserinnenabtei Seligenthal, auf Seite 54 an die Regierung von Niederbayern, auf Seite 62 an den Verein „Die Förderer e.V.".

Bibliografische Information der Deutschen Nationalbibliothek
Die Deutsche Nationalbibliothek verzeichnet diese Publikation in der Deutschen Nationalbibliografie; detaillierte bibliografische Daten sind im Internet über http://dnb.d-nb.de abrufbar.

Fotos: Harry Zdera, Landshut
Texte: Gerald Huber, Landshut
Englische Übersetzung: Alison Thielecke, Regensburg
Italienische Übersetzung: Daniela Ronchei, Regensburg
Einband- und Buchgestaltung: Heike Jörss, Regensburg
Gesamtherstellung: Friedrich Pustet, Regensburg
Printed in Germany 2009

ISBN 978-3-7917-2190-3

www.pustet.de